¡Qué dice osito!

por Pina Uribe • ilustrado por Peter Grosshauser

Destreza clave Sílabas *que, qui*
Palabras de uso frecuente *lo, ya*

Scott Foresman
is an imprint of

PEARSON

¿Qué le pasa a Quique el osito?
Lo que pasa es que está solito.

¿Qué quiere Quique el osito?
Lo que quiere es un amigo.

Mimí sabe que Quique está solito.

Mimí lo mira un poquito.

Quique se queda muy quieto.

—Baila, Quique.
Da unos pasitos aquí a mi lado.

Mimí baila con Quique.

Quique ya no está solito.
¡Qué dichoso osito!